Mestres da Música no Brasil

Luís Pimentel

Luiz Gonzaga

1ª edição
São Paulo, 2007

17ª impressão

Alguém tem dúvida de que a música brasileira é uma das melhores do mundo? É tão respeitada lá fora – sobretudo nos Estados Unidos, na França e no Japão – quanto o nosso futebol, tantas vezes campeão. Cantores e compositores brasileiros são tão amados quanto Pelé, Garrincha, Zico ou os Ronaldinhos. Nesse time internacional da música jogam, entre outros, Chico Buarque, Caetano Veloso, Dorival Caymmi e Luiz Gonzaga.

É deste último, cantor e compositor sertanejo do Nordeste que o Brasil legou ao mundo, que vamos falar: Luiz Gonzaga, Seu Lua, Gonzagão.

Vocês sabem o que é o sertão? É uma região pouco povoada do interior do Brasil, afastada dos grandes centros, pouco cultivada, longe do litoral e onde predomina o clima semiárido. Guimarães Rosa, outro sertanejo (só que das Minas Gerais), o definiu assim:

"O sertão é onde o pensamento da gente se forma mais forte do que o poder do lugar".

Assim como o craque da bola Pelé ficou conhecido como o Rei do Futebol, o craque da música Luiz Gonzaga ficou conhecido como o Rei do Baião. Ele tem uma história bonita de luta, de sobrevivência e de sucesso. Uma história de vida.

Dizem que o sol brilhou com mais intensidade no sertão do Cariri e a lua iluminou mais cedo a fazenda Caiçara no dia 13 de dezembro de 1912. É que nesse dia veio ao mundo o segundo filho do casal Januário José dos Santos – tido e respeitado como Mestre Januário – e Ana Batista de Jesus, conhecida como Santana. Ele, sanfoneiro que, com seu instrumento de oito baixos, animava todos os arrasta-pés da região, a poucos quilômetros da pequena cidade de Exu, no interior do estado de Pernambuco. Ela, uma dona de casa entregue aos afazeres da vida de roça, cuidando dos porcos e das galinhas, catando milho e feijão, cozinhando no fogão de lenha para toda a família.

Vista da cidade de Exu, no sertão pernambucano, berço do Rei do Baião; ao fundo, a chapada do Araripe.

Sanfoneiro é o músico que toca sanfona, também conhecida como acordeão, rebeca ou concertina. É um instrumento de fole e de teclas que são tocadas com os dedos, produzindo um som muito gostoso. O arrasta-pé é uma dança nordestina em que se arrastam os pés no chão, geralmente nos forrós, nas noites de São João ou de São Pedro.

Mais tarde, quando o menino Luiz cresceu, ganhou sua própria sanfona e encantou o Brasil com sua voz, melodias marcantes e versos tão bonitos. Cantou como ninguém sua terra e sua gente. Em uma de suas inúmeras composições, Gonzagão já rendia homenagens ao sertão e falava de uma constante na vida do sertanejo: a fuga de sua terra, quase sempre fugindo da seca.

Quando eu vim do sertão, seu moço, do meu Bodocó
Meu malote era um saco e o cadeado era um nó.
(...)
(*Pau-de-arara* – Luiz Gonzaga e Guio de Moraes, 1952.)

"Pau de arara", o tema dessa música, é uma expressão genuinamente brasileira. Na origem, pau de arara é apenas um pau usado no interior do país para transportar araras e outras aves, amarradas. Assim se começou a chamar também os caminhões que transportam retirantes nordestinos para os grandes centros – Rio de Janeiro e São Paulo, sobretudo.

Viajam sem conforto algum, agarrados às varas na carroceria do caminhão.

Luiz Gonzaga foi um compositor brasileiro dos melhores. Achava-se um homem rude e sem traquejo com as palavras, o que não era verdade. Ele tinha, sim, um olhar extremamente poético sobre o mundo e o revelou diversas vezes em entrevistas e participações em programas de rádio e de televisão.

Um trio nordestino majestoso: o Rei do Baião com o Rei da Zabumba (Catamilho) e o Rei do Frevo (Zequinha), durante apresentação em São Paulo, em 1952.

Veja o que ele disse um dia, explicando a razão dos longos períodos de chuva que costumavam alegrar Exu, sua terra natal. Disse, em poucas palavras, o que um meteorologista gastaria muito verbo para dizer: "O pé de serra tem sempre essas matas, essas montanhas que atraem as chuvas. Tem um vento que desvia o rumo da chuva. Ela se forma, vem, e quando chega no alto da serra, se divide, parte pra tudo que é canto". Bonito, não?

O universo nordestino é cheio de cenários lindos e de expressões poéticas como essa. A região do Cariri, onde viveu o nosso personagem, tinha serras para todo lado. Gonzaga homenageou essa paisagem em *No meu pé de serra*, música que ele fez em 1946 e que recebeu versos do poeta Humberto Teixeira:

Lá no meu pé de serra
Deixei ficar meu coração.
(...)

Uma lindeza de música. Vale a pena conhecê-la inteira.
Então, vamos continuar acompanhando a vida do Rei do Baião?

Quando disparou a fazer música, cada dia uma boniteza mais bonita do que a outra, Luiz Gonzaga começou a procurar o que no meio musical se chama parceiros. Vivia repetindo que não sabia trabalhar sem um poeta ao lado.

Assim, foi em busca daqueles que colocariam poesia em suas melodias. Ele explicou:

"Eu queria cantar o Nordeste. Eu tinha a música, tinha o tema. O que eu não sabia era continuar. Eu precisava de um poeta que saberia escrever aquilo que eu tinha na cabeça, de um homem culto para me ensinar as coisas que eu não sabia. Eu sempre fui bom ouvidor. Cheguei até a enganar que era culto!"

A pose de vaqueiro não esconde a origem nordestina.

O Rei no palco com súditos muito talentosos: Fagner, Oswaldinho e Sivuca.

Humberto Teixeira foi uma presença das mais positivas na vida e na carreira de Gonzaga. A parceria começou no ano de 1945, quando o modesto compositor e sanfoneiro foi procurar o poeta. Cearense de Iguatu, o advogado Humberto já era um compositor conhecido quando resolveu criar as letras para Gonzaga, que, embora tenha feito a maioria de suas músicas com esse parceiro, teve muitos outros.

O prazer de trabalhar em dupla e a alegria de cantar as agruras ou a valentia do seu povo levaram Luiz Gonzaga ao encontro de outra parceria muito importante em sua vida, o também nordestino Zé Dantas (pernambucano de Carnaíba), poeta e médico, que durante muitos anos foi obstetra do Hospital dos Servidores, no Rio de Janeiro. Juntos, eles cantaram:

Bate a enxada no chão, limpa o pé de algodão
Pois pra vencer a batalha é preciso ser forte, valente, robusto e nascer no sertão.
(...)

(*Algodão*, de 1953.)

A respeito desses parceiros queridos, um dia Luiz Gonzaga declarou, em entrevista à Rádio Tupi:

Humberto Teixeira, o Príncipe, poeta inspirado, parceiro mais constante na carreira do Rei do Baião.

"Humberto era um poeta versátil, que versejava sobre qualquer tema. Zé Dantas aprofundava mais o sertão. Ele era mais brabo, mais cabra-macho".

Voltemos àquele 13 de dezembro de 1912... Tão logo o menino abriu o berreiro no primeiro choro, Januário puxou um acorde tão profundo na sanfona que chamou a atenção do sertão inteiro. E gritou, no meio do quintal:

"– Nasceu! Meu filho nasceu, minha gente! É bonito feito um cabrito! E vai se chamar Luiz, porque nasceu no dia de Santa Luzia! E Luiz Gonzaga, porque o nome completo de São Luiz era Luiz Gonzaga! Luiz Gonzaga do Nascimento, porque dezembro é o mês do nascimento de Jesus! Este é o nome completo do meu filho!"

Foi o próprio Luiz quem contou e cantou, mais tarde, em versos de cordel:

Meu nome é Luiz Gonzaga
Não sei se sou fraco ou forte,
Só sei que, graças a Deus,
Até pra nascer tive sorte
Pois nasci em Pernambuco,
O famoso Leão do Norte.
Nas terras do Novo Exu
Da fazenda Caiçara
Em novecentos e doze
Viu o mundo minha cara.
Dia de Santa Luzia
Por isso é que sou Luiz
No mês que Cristo nasceu
Por isso é que sou feliz.

(Sem data de registro, publicada no volume *Nova História da Música Popular Brasileira – Luiz Gonzaga e Humberto Teixeira*, Abril Cultural, 1970.)

Ao vivo e no pôster, Luiz Gonzaga com sua amiga e amante inseparável.

Como todo membro de família humilde, criado no interior do Nordeste, o menino Luiz começou a trabalhar muito cedo. Aos oito anos já ajudava o pai e os tios na roça, consertando cercas, cuidando dos animais, capinando a terra e segurando no cabo da enxada como se fosse um homem.

Mas gostava mesmo era quando chegava a noite e ele se sentava na soleira da porta para ficar olhando o pai tocar sanfona. Olhando e pensando: "Um dia eu tenho uma dessas, e vou sair tocando por esse mundo todo".

Nos fins de semana acompanhava Januário aos bailes e forrós, onde o pai e mestre era sempre chamado para animar os casais de dançarinos. Ficava com os olhos grudados nos dedos do pai sanfoneiro e nos movimentos das teclas. Acompanhando o sobe-e-desce do fole que inchava e desinchava, produzindo o som que para ele era a coisa mais bonita desta vida. Sempre que o pai deixava o instrumento descansando num canto, o menino pegava e ficava tentando tocar, volta e meia tirando melodias e acordes. Januário achava bonito e ficava até orgulhoso com o interesse do filho pelo instrumento que ele tanto amava. Mas a mãe, dona Santana, não gostava nem um pouco:

"Você vai ter outra profissão, Luiz. Não quero um filho sanfoneiro para viver para cima e para baixo, sertão afora, tocando e cantando feito um louco", dizia ela.

O pai na sanfoninha de oito baixos e o filho orgulhoso nos 120: "Luiz, respeita Januário!".

A mãe mal sabia que a sorte do filho estava selada. Que para sempre seria este o destino daquele menino moreno, de olhos negros e vivos: viver tocando e cantando sertão afora, depois Brasil adentro, abrindo o caminho que o levaria ao mundo inteiro. Tocando e cantando para o povo, para o seu povo. Nenhum artista brasileiro foi tão importante para a cultura das regiões Nordeste e Norte do Brasil – para a divulgação de como vivia, trabalhava e sofria o homem do mato – quanto Luiz Gonzaga do Nascimento.

O chapéu de couro, o gibão e a sanfona formavam um conjunto, responsável por uma das mais finas e belas estampas do Nordeste do Brasil.

Entre os dez e os doze anos, o menino Luiz começou a revezar na sanfona com Januário, durante os bailes na roça. Tocava quando o pai queria descansar. E devolvia o instrumento quando o sono apertava.

Januário trabalhava nas terras de Manuel Aires de Alencar, um coronel da região que gostava muito do menino Luiz e volta e meia o levava para casa para brincar com seus filhos. Com as filhas de Manuel Aires ele aprendeu a ler e a escrever. Ao se interessar por uma sanfona que estava à venda, constatou que possuía apenas metade do dinheiro.

O sorriso orgulhoso comprova: o acordeão era uma extensão do seu corpo.

Foi falar com Seu Manuel, que providenciou o dinheiro que faltava para inteirar a importância, ajudando-o a adquirir o primeiro instrumento de trabalho.

"Logo, logo devolvi o dinheiro, ganho com o meu trabalho de sanfoneiro", ele contou mais tarde.

E tinha serviço para juntar dinheiro e pagar o débito? Tinha. Luiz Gonzaga começou a ser contratado – em troca de pagamentos mínimos, claro – para animar casamentos e batizados. Na época dos festejos de São João e de São Pedro, no mês de junho, era mesmo uma festa: o sanfoneiro tocava de cansar os dedos. E assim ficou tocando a vida até fazer 18 anos e se alistar no Exército.

O batalhão a que o recruta Luiz pertencia foi mandado para o estado da Paraíba. Estávamos no ano de 1930 e havia uma revolução armada no país, um movimento político liderado pela classe média, pelos tenentes da República Velha, por uma parte da burguesia e pelos operários. Os revoltosos contra o governo se espalharam por vários estados do país e acabaram derrubando o presidente Washington Luís. Além da Paraíba, um dos estados brasileiros que mais se destacaram na revolução, o batalhão de Luiz Gonzaga esteve também no Piauí, no Ceará e no Pará. Por fim, seguiu para Minas Gerais e Rio de Janeiro, cidade cheia de emissoras de rádio e casas de shows, onde o Rei do Baião descobriu não haver melhor lugar para se viver, trabalhar e tocar sanfona.

Era já o feliz dono de uma sanfona bem melhor do que aquela comprada na infância. Começou a procurar emprego como sanfoneiro. A princípio, em casas de diversões noturnas, bares e botecos. Foi parar nas gafieiras, que tinham os salões mais requisitados da época, e começou a conhecer gente importante no mundo da música.

Capa de CD de 2001.

Em 1941 foi convencido pelos amigos a se apresentar no programa de auditório do famoso compositor Ary Barroso. Surpreendeu o apresentador, músicos da orquestra e público presente ao auditório com sua sanfona gemedora e um ritmo nordestino que ninguém ali jamais ouvira falar, conhecido como chamego. Nesse ritmo, compôs em seu instrumento uma música chamada *Vira e mexe*, que apresentou pela primeira vez ao público justamente no programa. Ao ser chamado ao palco, Luiz Gonzaga cumprimentou Ary Barroso em versos de improviso, correspondidos pelo famoso apresentador, que também era poeta:

"– Boa noite, Seu Barroso!
– Rapaz, procure um emprego.
– Seu Ary, me dê licença, para eu tocar um chamego.
– Chamego? O que é isso? Seria coisa mundana?
– O chamego, seu Barroso, é música pernambucana!"

Luiz Gonzaga tocou seu *Vira e mexe*, chamegou à vontade, encantou a todos e ainda colocou no bolso 15 contos de réis (moeda da época), como pagamento pela apresentação. Continuou tocando na noite e varrendo as estações de rádio, se apresentando em um programa e em outro, até ser chamado para acompanhar um cantor famoso daqueles dias, Genésio Arruda, em uma gravação. Entrar em um estúdio, para ele, era novidade das grandes. "Será que eu acerto?". Acertou e foi em frente, acompanhando a carreira de muitos artistas, enquanto o reconhecimento de seu trabalho não vinha.

Esse reconhecimento demorou, mas, enfim, chegou. Virou e mexeu, a canção *Vira e mexe* foi gravada no mesmo ano de 1941, juntamente com o xote *No meu pé de serra*. E Luiz Gonzaga transformou-se numa espécie de rei do rádio. Passou pelas principais emissoras do Rio de Janeiro, tornando-se conhecido na Rádio Tamoio. Mas foi na histórica Rádio Nacional que ele conquistou a glória definitiva, e onde trabalhou ombro a ombro com os grandes nomes da era de ouro do rádio, como os apresentadores Renato Murce e Cezar de Alencar, além do ator e apresentador Paulo Gracindo, que lhe deu o apelido com o qual o Brasil passou a conhecê-lo: Lua. "Seu rosto redondo e cheio lembrava uma lua, o luar bonito do sertão", Gracindo teria justificado.

Daí em diante, vieram outros contratos com gravadoras e emissoras de rádio, além de convites para shows. Um sucesso atrás do outro. A lua do Lua vivia cada vez mais cheia, cada vez mais linda e brilhante. Começaram as viagens pelo Brasil inteiro, batendo pernas, batendo mais asas do que a asa-branca, pássaro que um dia ele eternizou na canção mais conhecida do seu enorme repertório.

A toada *Asa branca*, considerada por muitos estudiosos uma das peças mais bonitas e pungentes da música brasileira, é forte e penetrante. Os versos certeiros, escritos em 1947, são do grande Humberto Teixeira.

Jovem, exibia a cara de lua cheia que justificou o apelido de "Lua".

Quando oiei a terra ardendo
Quá fogueira de São João
Eu perguntei a Deus do Céu
Purquê tamanha judiação.

Qui braseiro, qui fornaia,
Nem um pé de prantação
Pru farta d'água perdi meu gado
Morreu de sede meu alazão.

Inté mesmo a asa branca
Bateu asas do sertão
Entonce eu disse, adeus Rosinha
Guarda contigo meu coração.

Hoje longe, muitas léguas
Numa triste solidão
Espero a chuva cair de novo
Pra mim vortá pro meu sertão.

Quando o verde dos teus óio
Se espaiá na prantação
Eu te asseguro, num chore não, viu?
Que eu vortarei, viu, meu coração.

(© by Fermata do Brasil/Rio Musical Ltda.)

Oiei? Quá? Vortá? Prantação? Muita gente estranha, mas esses versos foram escritos e publicados assim mesmo, intencionalmente. Reproduzem a linguagem popular do homem da roça, mostram a diversidade linguística da região. As letras das músicas transcritas neste livro respeitam a grafia usada pelos compositores nos registros originais das editoras e gravadoras.

Capa do CD "Gonzagão & Fagner".

A famosa *Asa branca* é uma das músicas que os fãs de Luiz Gonzaga mais adoram. Mas ele dizia não ser a sua preferida. Apesar de ser a música que lhe deu mais prestígio e dinheiro, não era a que ele mais gostava de cantar. A predileta de Gonzagão era *A triste partida*, composta pelo cordelista Patativa do Assaré (Antônio Gonçalves da Silva), que relata o sofrimento de uma família de pobres nordestinos que tem de abandonar casa, roças, parentes e amigos para ir viver na cidade de São Paulo, fugindo da seca e da fome. Em um trecho, diz assim:

Setembro passou, outubro e novembro
Já tamo em dezembro, meu Deus, que é de nós?
(...)

(A gravação original desta música por Luiz Gonzaga é de 1946, no disco A triste partida, da RCA.)

Poesia em estado puro. Triste. Mas a beleza nem sempre está nas coisas alegres.

Luiz Gonzaga encantava o Brasil. Com ele a música nordestina começou a ganhar o mundo, a partir do Rio de Janeiro, onde agora morava.

Família nordestina costuma ser grande, e a de Luiz Gonzaga não ficava atrás. Januário e Santana tiveram nove filhos e ainda adotaram mais dois. Irmãos, portanto, é o que não faltava.

Um dia, quando o sucesso ainda não havia chegado, Luiz recebeu visita inesperada, na pensão onde morava na Cidade Maravilhosa. Era José Gonzaga, um dos irmãos, que também tinha veia artística e tocava sanfona. Em entrevista à pesquisadora Dominique Dreyfus, o Rei do Baião relembrou o seguinte diálogo que teve com o visitante:

"– Você é que é Luiz Gonzaga? Eu sou José, seu irmão.
– E você veio fazer o que aqui, seu moleque safado? Eu não mandei chamar ninguém aqui, pois estou pior do que vocês.

— Eu vim porque está uma seca danada lá no Nordeste, e mãe mandou dizer pra tu dar um jeito de ajudar a gente".

Apesar do jeitão arredio e da recepção pouco cordial, Luiz Gonzaga comprou um colchão e arrumou lugar para o irmão na pensão onde morava. José Gonzaga também fez carreira artística e mais tarde acompanhou o irmão famoso em diversos shows e gravações.

Por essa época, Luiz Gonzaga teve o seu primeiro filho, a quem deu o próprio nome, batizando-o como Luiz Gonzaga Júnior. O menino, que mais tarde se tornou um dos maiores nomes da Música Popular Brasileira, compondo, cantando e assinando Gonzaguinha, era filho de uma namorada de Gonzagão, Odaléia Guedes, e foi criado no Morro do Estácio, no Rio, pelo casal Dina e Xavier, compadres e amigos da vida inteira do Rei do Baião.

Luiz Gonzaga abraçando seu filho Gonzaguinha, 1981.

Quando se reaproximou do filho, não desgrudou mais: Gonzagão com Gonzaguinha, durante circuito paulista.

Gonzaguinha nasceu no dia 22 de setembro de 1945 e morreu muito jovem, num acidente de carro, em 29 de abril de 1991, deixando canções maravilhosas como *Comportamento geral*, de 1974, e logo proibida pela censura política da época; *Espere por mim, morena*; *Começaria tudo outra vez*; *Explode coração*; entre tantas outras.

Muito se discutiu e se escreveu a respeito de Luiz Gonzaga ser o pai biológico ou pai adotivo de Gonzaguinha. Matérias de jornais e livros questionaram bastante essa paternidade, pois parentes e amigos do Rei do Baião são unânimes em afirmar que ele era estéril. O que, convenhamos, não tem muita importância, não é mesmo? Afinal, Gonzagão esteve sempre próximo de Gonzaguinha (tiveram apenas algumas rusgas políticas, pois o velho pai era conservador e o jovem filho, revolucionário), cuidando de sua subsistência e educação, oferecendo seu carinho de pai e muito amor. E o amor, sabemos todos, é sempre o que importa. E pai é aquele que se comporta como tal.

    Vida que segue e o viajante da música brasileira seguiu sua vida. Fazendo sucesso no Sul e ecoando no Norte e no Nordeste, através das emissoras de rádio. Dominique nos conta, em seu livro *Vida do viajante*, que no sertão do Araripe, "quando corria a notícia de que Gonzaga ia se apresentar em tal programa, o pessoal se reunia em torno dos dois únicos receptores do lugar para escutá-lo. Era frequente não se conseguir sintonizar, e aí era um desespero danado: mudava a faixa, virava o rádio, tirava a bateria, botava a bateria, dava uma pancadinha, desligava, ligava, sacudia... Dali a pouco, dona Santana recebia carta do filho, e lá ia ela avisando: 'olha, o Gonzaga mandou dizer que mudou de rádio, agora é outra emissora'. E todo mundo se aglutinava em torno da nova sintonia".

Mais tarde, em 1947, Luiz Gonzaga conheceu a linda jovem Helena das Neves Cavalcanti, que assistia a todas as suas apresentações na Rádio Nacional (espécie de TV Globo dos anos 1940 e 1950), se apaixonou, se casou e ao lado dela criou a filha adotiva Rosa Maria Gonzaga.

No fim da carreira, na década de 1980, Luiz Gonzaga conheceu a pernambucana Edelzuita Rabelo, a Zuíta, o último grande amor e perto de quem o artista viveu os últimos anos de sua vida.

Com Helena, a esposa, amor que começou no apogeu da Rádio Nacional e durou por muitos anos.

Além das músicas citadas aqui, Gonzaga tem muitas e muitas outras. Tem *Baião*, tem *Qui nem jiló*, tem *Vozes da seca*, tem *Paraíba*, tem *Assum preto*, tem *Juazeiro*, tanta beleza, tanta formosura... O título de Rei do Baião quem lhe deu foi o povo nordestino, que sempre teve pelo filho do Mestre Januário uma admiração quase religiosa, algo como a estima devotada ao Padre Cícero Romão. Luiz Gonzaga já subiu ao posto mais alto do pódio onde também merecem medalhas o xaxado macio do cantor Jackson do Pandeiro, a arte de barro do mestre Vitalino, a poesia dos poetas e cordelistas Patativa do Assaré e Azulão, e a sabedoria moleque do escritor Ariano Suassuna.

Amado e coroado Rei do Baião, Luiz Gonzaga devia ter muito orgulho desse título. Certo dia ele cantou:

Com Dominguinhos, amigo e discípulo, Gonzagão tocava até triângulo.

O título que me abrange,
Minha alma, meu coração,
Me foi dado pelo povo,
Da praça e do meu sertão.
É a voz do meu Brasil:
Gonzaga, o Rei do Baião!

(Transcrito do volume Nova História da Música Popular Brasileira –
Luiz Gonzaga e Humberto Teixeira, Abril Cultural, 1970.)

Luiz Gonzaga foi um homem de coração enorme. Artista mambembe, corria o Brasil inteiro, ano a ano, fazendo shows não apenas nas grandes capitais, mas também nos municípios mais distantes e minúsculos. Jamais esqueceu dos amigos de infância, dos parentes e dos pais. Sempre que podia, ia visitá-los. Nutriu a vida inteira uma profunda admiração pelo pai, e um dia cantou para ele uma música que dizia assim:

Luiz, respeita Januário, Luiz, respeita Januário!
Luiz, tu pode ser famoso mas teu pai é mais tinhoso
(...)

(Respeita Januário – Luiz Gonzaga e
Humberto Teixeira, 1950.)

Em todas as excursões incluía o Nordeste, pois tinha verdadeira paixão pelo seu povo.

Batalhou durante toda a vida para pacificar a cidade de Exu, quando esta vivia uma eterna guerra entre duas famílias rivais, os Alencar e os Sampaio, que transformaram a região em verdadeiro inferno à moda dos antigos coronéis nordestinos, com uma matança que parecia jamais ter fim. Luiz Gonzaga não sossegou enquanto não conseguiu a paz entre essas duas famílias, além de favorecer os moradores todos da região com escolas agrícolas, frentes de trabalho e produção de poços artesianos que em muito minimizaram as agruras das secas.

Dizem que agosto é um mês de desgostos. Logo no comecinho desse mês, no dia 2, em 1989, Luiz partiu lá para cima, aos 76 anos. Desde então, no sertão do Cariri ou nos mais distantes grotões nordestinos a lua brilha mais intensamente, iluminando os caminhos e os pés de serra.

O grande artista não foi e jamais será esquecido. Para quem quiser conhecer mais de sua obra e memória, existe em Caruaru, Pernambuco, o Museu do Forró Luiz Gonzaga, mantido pela Fundação Cultural da cidade.

Nos bastidores do último show, em 1988, em Campina Grande (PB), com a elegância que o acompanhou desde os primeiros dias.

Inaugurado em 1986, o museu guarda e expõe ao público discos, fotografias, indumentárias e instrumentos musicais – incluindo a sanfona com a qual o Rei do Baião tocou em suas últimas apresentações.

Em Exu, sua terra natal, no sertão do Araripe, funciona, na casa que pertenceu ao Mestre Januário, o Parque Asa Branca, inaugurado em 1989 por Gonzaguinha. Ali também se encontram objetos, instrumentos, vestuários e toda uma memória iconográfica da vida e carreira de Luiz Gonzaga.

A tradicional Feira Popular de São Cristóvão, no Rio de Janeiro, conhecida há várias décadas como "Feira dos Nordestinos" – onde se perpetua a memória, a música, a culinária e os hábitos do Nordeste, como o desafio de repentistas –, passou a se chamar, a partir de 2003, Centro Luiz Gonzaga de Tradições Nordestinas.

Muitas homenagens, de todas as formas, foram e são prestadas ao Rei do Baião. Após colocar o ponto final neste livro, o autor quis prestar mais uma àquele que considera a perfeita tradução do povo brasileiro e da música desse povo. Escreveu a letra da canção São Luiz, musicada pelo compositor Sandro Dorneles, e ainda inédita:

Figura de barro, de Zé Andrade.

Seu Luiz, cadê você?
Quem guardou seu matulão?
Alpercatas de correia,
seu carão de lua cheia,
sua safra de algodão?

Lua intensa, lua inteira,
quando banha o ribeirão.
Que ilumina a gameleira,
velho deitado na esteira,
menino de pé no chão.

São Luiz do chão da rua,
São Luiz do Maranhão,
São Luiz da quixabeira,
São Luiz da ribanceira,
São Luiz lá do sertão.

Toda noite, velho Lua,
quando é hora de dormir.
Olho pro céu, com saudade,
rezo ao Deus da claridade
e a São Luiz do Cariri.

(*São Luiz*, Sandro Dornelles e Luís Pimentel, setembro de 2006.)

Caricatura de Amorim.